Les Cadiens d'Asteur

Today's Cajuns

Les Cadiens d'Asteur

Today's Cajuns

Photographs by Philip Gould

LOUISIANA STATE UNIVERSITY PRESS
Baton Rouge and London

Design and art direction: Lee Wilfert Nevitt

Text selection: Philip Gould

Text editing: Sandy Hebert

Interviews (except when otherwise noted): Philip Gould

French language text preparation: USL Center for Louisiana Studies, except text on pages 16, 28, 37, 41, 46, 53 and 66, which was prepared by the Council for the Development of French in Louisiana (CODOFIL)

Typesetting: Print Media, Lafayette, La.

Paste-up: Dorothy Leonard

Project consultant: Randall LaBry

THE COVER: Chester Landry dances with his daughter Jeanelle Romero on her wedding night at Red's Cajun Club in Kaplan. According to custom one puts money on the bride's veil for the honor of a waltz or two-step at her wedding dance.

LA COUVERTURE: *Chester Landry danse avec sa fille Jeanelle Romero à son bal de noce chez Red's Cajun Club à Kaplan. Selon la tradition, chacun attache de l'argent après la voile de la mariée pour l'honneur d'une valse ou d'un two-step.*

Library of Congress Cataloging-in-Publication Data

Gould, Philip, 1951–
     Les Cadiens d'Asteur = Today's Cajuns : photographs / by Philip
 Gould. — Louisiana pbk. ed.
        p.   cm.
     English and French.
     Originally published: Lafayette, La. : Galerie Press, 1980.
     ISBN 0-8071-1736-6 (paper)
     1. Cajuns—Social life and customs—Pictorial works.
     2. Louisiana—Social life and customs—Pictorial works.   I. Title.
 F380.A2G68   1991
 976.3'00441—dc20   91-26881
                                                                   CIP

Today's Cajuns are a people of French descent, over a million in number, who live in south Louisiana. Over the years they have blended Spanish, German, Indian, Black, Anglo, and Creole influences with their heritage to form an original culture of their own.

Originally settled in Acadia (today's Nova Scotia), the Acadians were handed over to the British crown in 1713 when their territory was annexed to Britain. For the next 40 years they continued to farm their land, steadfastly refusing to swear allegiance to the British king. In 1755, as France and England began battling once again for control of New France (Canada), the British Governor deported these officially neutral peasants. Treated as slaves or outcasts where-ever they went, some 2,500 of them gradually trickled into southern Louisiana. There, isolated by an often hostile terrain, they maintained their linguistic and cultural identity while absorbing other area ethnic groups to become Cajuns.

In the 1920's compulsory English education endangered the Cajuns' linguistic integrity. Outlawed in classrooms the French language became a stigma of inferiority to the Cajuns. The advent of mass media in the 50's hastened further the apparent demise of French. At the same time increased oil discoveries, both offshore and in backyards, brought a flood of wealth and an influx of outsiders, transforming the economy of the region.

In 1968 the decline of French was reversed when Louisiana was officially proclaimed bilingual. A state agency was chartered to preserve French in Louisiana and French instruction returned to classrooms. A new pride in culture, heritage, music, cuisine, and language surged amongst the Cajuns. Today that pride keeps them a people unlike any other.

Les Cajuns aujourd'hui forment une population d'ascendance française de plus d'un million d'âmes, vivant au sud de la Louisiane. Au fil des ans, à leur héritage originel, ils ont ajouté des traditions espagnoles, germaniques, indiennes, noires, anglaises et créoles, le tout se fondant en une culture qui leur est propre.

Installés d'abord en Acadie (aujourd'hui la Nouvelle Ecosse), les Acadiens virent leur territoire annexé par l'Angleterre en 1713 et passèrent sous domination britannique. Durant 40 ans, ces fermiers continuèrent à exploiter leurs terres, refusant fermement de prêter allégeance au roi d'Angleterre. Quand en 1755, la France et l'Angleterre reprirent leur bataille pour le contrôle de la Nouvelle-France (le Canada), le gouverneur britannique fit déporter ces paysans officiellement neutres qui partout où ils cherchèrent à s'établir furent traités en proscrits ou en esclaves. Quelques 2,500 s'infiltrèrent en Louisiane, où ils vécurent entre eux, maintenant leur identité linguistique et culturelle, absorbant de petits groupes d'autres ethnies, et devenant les "Cajuns."

Cette intégrité fut menacée à partir de 1920. L'instruction en anglais devint obligatoire et le français, déclaré illégal en terrain scolaire, devint pour beaucoup une marque d'infériorité culturelle et sociale. La vulgarisation des mass media dans les années 50 hâta l'abandon du français de même que la transformation de l'économie amenée par l'arrivée de nombreux spécialistes du pétrole et les découvertes des richesses pétroliérés.

En 1968, la situation fut inversée quand la Louisiane fut officiellement déclarée bilingue. Un organisme d'état fut créé avec mission de préservation du français et de son enseignement dans les écoles. Aujourd'hui les Cajuns redécouvrent avec fierté leur héritage culturel, langue, coutumes, musique, cuisine, et cette fierté en fait un peuple unique.

Mathé Allain

*This book is dedicated to
the Daus and the Goulds,
and to all the Cajuns,
from Pointe à la Hache to
Port Arthur, who were the
inspiration for this work.*

In recent years, the French-speaking Cajuns of Louisiana have been the subject of countless studies by linguists and ethnographers, filmmakers and photographers. The reason for this intense activity is clear. The deep-rooted language and culture of the Cajuns have survived in the face of monolithic Americana, resisting homogenization and refusing to melt in the pot. America is now realizing that its strength lies in its very diversity, that its culture is actually a fabric of many different, interwoven cultures. The survival of Louisiana French language and culture provides a focal point in an important experiment to preserve and encourage ethnic and regional cultures. Unfortunately, however, too many studies of the Louisiana French experience have been based on little more than shallow fascination. The photographic documentation of Philip Gould is an insightful excursion under the surface which stands as a model for any medium. Time and a rare commitment to deep understanding make for a mature, sensitive collection of photographs which goes beyond the dizzying roll of the "good times" to reach for the soul of the Cajuns.

Dans les dernières années, les Acadiens de langue française en Louisiane sont devenus le sujet d'innombrables études linguistiques et ethnographiques, cinématiques et photographiques. La raison pour cette recherche intense est claire. La langue et la culture bien enracinées des Cadiens ont survécu malgré la présence de l'Amérique monolithique, résistant à l'homogénisation et refusant de se fondre dans le "melting pot." Aujourd'hui, l'Amérique commence à se rendre compte que sa force se trouve justement dans sa diversité, et que sa seule culture n'est qu'un tissu composé de beaucoup de différentes cultures entrelacées. La survie de la langue et de la culture louisianaise française est un point tournant dans l'expérience importante pour essayer de sauvegarder et d'encourager les cultures ethniques et régionales. Il est regrettable, cependant, que la plupart des études sur le fait français en Louisiane ne soit basée que sur une fascination superficielle. La documentation photographique de Philip Gould est une excursion perspicace et pénétrante qui peut bien servir de modèle pour n'importe quelle discipline. Cette collection de photographies, rendue sensible par un désir rare de comprendre à fond et à travers assez de temps pour bien mûrir, dépasse enfin le roulement vertigeux du "bon temps" pour s'efforcer d'atteindre l'âme même du Cadien.

Barry Jean Ancelet, 1980
Center for Acadian & Creole Folklore
The University of Southwestern Louisiana

Les Cadiens d'Asteur (Today's Cajuns) is an idea which began forming the moment I arrived in south Louisiana. Upon graduation from college in California, I took a job as a staff photographer with New Iberia's *Daily Iberian.* Before I came, the newspaper's general manager assured me that the area was unlike the rest of the south. This proved to be an understatement.

A few days after my arrival, I went with a reporter to the Blue Moon Club, a Cajun dance hall in New Iberia. For a Californian many things seemed unusual there. For instance, I noticed a city policeman and a sheriff's deputy helping the waitresses serve drinks. Back home liquor and the law do not mix, and this shattered all stereotypes I held about the role of law enforcement.

I was enchanted as well with the dancing there. Older, well-dressed couples moved across a wooden floor holding each other as though it were still their honeymoon. They stepped in near perfect unison and seemed to suggest the movement of waves with the tops of their heads. Their steps seemed graceful, yet confounding when I tried them.

Within a year and a half I left New Iberia to further pursue my photographic career at the *Dallas Times Herald.* However, I soon realized in the deepest ways that Dallas couldn't hold a candle to the way life glows in south Louisiana. I yearned to return and did, many times.

During one visit I photographed a traditional Cajun wedding in Abbeville at the time of America's Bicentennial. As the older couple went through the wedding vows, then rode off in a donkey-drawn carriage sipping beers, I realized that photographing contemporary Cajun culture would be the perfect way to return to Louisiana.

After ten visits and endless attempts to secure grants and assistance, I decided to just quit my job in Dallas, return to Louisiana, and begin photographing the area.

Eventually I received a Louisiana State Arts Council grant to assemble a traveling photo exhibit of the work. After a tour of south Louisiana towns beginning in September 1979, the exhibit then went to the Southern Arts Federation of Atlanta, which sponsored its tour in the southeastern states. My main intent with the exhibit was to give south Louisiana an overall sense of the Cajun culture, show how the culture is evolving, and demonstrate visually the ways it remains strong.

Hopefully this book will achieve the same purpose. I have added text to broaden the reader's understanding of the photographs. Some excerpted and some entire, the readings originate from book, magazine and newspaper articles, from research papers, poetry, song lyrics, gravestone quotes, and interviews.

I chose to print the book in both English and Cajun French, yet each passage is printed in its original language, with a translation in the back.

With this collection of photos I have strove to portray the human qualities of a people inspired by the stillness of the natural prairie, the comfort of close families, the spiritual influence of the church and traiteurs, the roux in gumbo, the rhythms marked by fiddles and 'tit fers, and the cries of Cajun singers.

Philip Gould, 1980

Les Cadiens d'Asteur (Today's Cajuns) *représente une idée qui est
née dès que je suis arrivé dans le sud de la Louisiane. Quand j'ai fini mes
études d'université dans la Californie, j'ai pris un travail comme photographe
pour le* Daily Iberian *de la Nouvelle Ibérie. Avant que j'arrive, le gérant
de la gazette m'avait assuré que la région n'était pas du tout comme le reste
du sud des Etats-unis. Et j'ai vite appris qu'il n'avait pas tout dit.*

*Quelques jours après mon arrivée, je suis allé au Blue Moon Club, une
salle de danse cadienne à la Nouvelle Ibérie. Surtout pour un Californien,
c'était très différent là-dedans. Par exemple, j'ai remarqué un officier de la
ville et un député du shérif qui aidaient les serveuses à porter les boissons.
D'où je venais, la loi et la liqueur ne se mèlent jamais, et ceci a détruit
tous les stéréotypes que j'avais concernant le rôle de la police.*

*J'étais aussi enchanté par les danceurs dans le Blue Moon Club. Des
couples d'un certain âge, toujours bien habillés, glissaient d'un bout
du plancher à l'autre se tenant comme s'ils étaient encore en lune de miel.
Ils faisaient leurs pas parfaitement ensemble pour suggérer le mouvement des ondes avec leurs têtes. Leurs pas semblaient floux, mais ils me
confondaient quand moi, je les ai essayés.*

*Après un an et demi, je suis parti de la Nouvelle Ibérie pour·poursuivre
ma carrière photographique au* Dallas Times Herald. *Mais, je me suis
vite rendu compte, au fond de moi, que Dallas ne pouvait point tenir tête
à la vie chaleureuse du sud de la Louisiane. J'avais envie d'y retourner,
ce que j'ai fait plusieurs fois.*

*Au cours d'une visite, j'ai photographié une noce cadienne des autres
fois à Abbeville aux alentours du temps de bicentennaire. Tandis que
le couple âgé répétait le serment de mariage, et partait dans une carrosse
hâlée par un bourriquet, après boire leurs petites bières, j'ai eu l'idée
d'entreprendre une photo-documentation de la culture contemporaine des
Cadiens. Voilà le moyen de retourner en Louisiane!*

*Après dix visites et de nombreux efforts pour obtenir des bourses et
de l'assistance, j'ai décidé de quitter mon poste à Dallas, de retourner en
Louisiane pour commencer à photographier la région.*

*Par la suite, j'ai reçu une bourse du Louisiana State Arts Council pour
assembler une exhibition voyageuse de la photo-documentation. Après
une tournée dans des villages du sud de la Louisiane qui a commencé en
septembre, 1979, l'exhibition a été envoyée à la Southern Arts Federation
qui l'a mise en tournée dans le sud-est des Etats-unis. Mon intention en
faisant cette exhibition, c'était de donner aux gens du sud de la Louisiane
un aperçu de l'ensemble de la culture cadienne, de montrer l'évolution
de la culture, et de démontrer en images les aspects de sa force.*

*J'espère que ce livre servira les mêmes désirs. J'ai ajouté un texte afin
d'augmenter la compréhension du lecteur. Les textes, en entier ou en extrait,
proviennent des articles dans des livres, des revues et des journaux, des études
de recherches, des poèmes, des chansons, des épitaphes, et des entrevues.*

*J'ai choisi de faire publier le livre en français cadien comme en anglais,
mais chaque texte est présenté dans sa langue d'origine; les traductions
se trouvent à la fin.*

*Par cette collection de photos, j'essaie de présenter les qualités humaines
d'un peuple inspiré par la tranquillité de la savanne, par le comfort des
familles qui restent ensemble, par l'influence spirituelle de l'église comme des
traiteurs, par le roux dans le gumbo, par les rythmes marqués de coups
d'archet et de 'tits fers, et par les cris des chanteurs cadiens.*

Red-eye Swamp, Atchafalaya Basin, 1979

J. E. Bonin hoop nets for fish near
his home along the Atchafalaya Basin's
western levee in Bayou Benoit.

*J. E. Bonin pêche pour du poisson
avec des nasses près de chez lui au
long de la levée à l'ouest du Bassin de
l'Atchafalaya au Bayou Benoit.*

J. E. Bonin, Bayou Benoit, 1978

Family comforts of morning. Eunice and
Sweeny Geary with their granddaughter
Danielle Geary at home in Leroy.

*Grandpère adoucit le réveil. Eunice et
Sweenie Geary avec leur petite fille
Danielle Geary chez eux à Leroy.*

Eunice, Sweeny and Danielle Geary, Leroy, 1979

*The sound could have been made by nothing else;
it was a front of noise rimming the whole southern
horizon as it bore down on the little tar-paper shack.
The marsh grass outside jerked back and forth
as if in a futile effort to escape. In those suspended
moments, the cruelty of the marsh was revealed as
an absence of anything to cling to or anywhere
to cower in. We had to face the rush of the storm
with no more than strips of tar paper and slivers
of cypress to protect us.
Wilson and Azalea Verret paced back and forth in the
glow of the kerosene lamp, murmuring worries and
timid assurances to themselves and to each other.
Azalea began crossing herself. Outside the roar was
becoming deafening. The kerosene lamp began
to flicker, throwing exaggerated reflections along the
walls of the little cabin.
The storm hit with a great sigh, a momentary stillness
as if it had concentrated all its energies on what was
to come. Then with a roaring whoosh, it bore down
on the cabin, accompanied by the varying chorus
of rain as it drummed on the roof. The beams ground
against the pilings, and the walls groaned under the
pummeling of the wind. Jets of air shot in between the
planking and struck the old calendars right off the
wall. Outside, the metallic sound of tumbling oil drums
was throttled with painful abruptness, as if it were a
murder being committed. We waited for the final
tumultuous rending that would mean the dwelling
was being lifted off the marsh.
Two minutes later, the stars shone as the roar churned
off to the northeast as impersonally as it had come.*

Christopher Hallowell,
People of the Bayou, 1979

Youngsville, 1979

Pascal was telling me how the fish was biting like hell last week at a private lake in North Evangeline. He told me the fish bit so fast and furious that it was necessary for him to go hide behind the pines in order to bait his hook. Some hungry fish jumped in the boat and grabbed the bait right out of his bait bucket, he said. He had to hit them over the head with his oar to keep them out, he said..."And in my battle with those crazy, starved creatures, I only caught two small yellow cats, a carp, and three perch, me!" he concluded sadly, the grand menteur, him!

Revon Reed, "Couci-Couca"
The Mamou Prairie, April 20, 1978

Mamou, 1976

Delcambre, 1978

The Church Point Cajun Queen dances
at the CODOFIL (Council for the
Development of French in Louisiana)
Tribute to Cajun Music II in 1975.

*La Reine des Acadiens de la Pointe de
l'Eglise danse au deuxième Hommage
à la Musique Acadienne du CODOFIL
(Conseil pour le Développement du
Français en Louisiane) en 1975.*

Lafayette, 1975

Ambrose Thibodeaux, Lafayette, 1977

J'ai été-z-au bal

cajun music

One day the record company man came to Fred's Lounge in Mamou. He wanted to make a recording of the Saturday morning radio broadcast of live Cajun music. He brought a big tape machine with lots of dials and buttons and a tape that was big like somebody's belt. He brought his boy that works for him and they set up all kinds of microphones and even a lot of boxes and dials and switches and buttons on them. For about an hour before they started to make the tape, they fooled with the switches to make everything all right. They had electric cords everywhere you could look, and they had big earphones on.

Then about nine o'clock the musicians came in. The fiddle player and the accordion player brought their little Fender amplifiers that they had bought in the days when they made them with tubes and plugged them in to play. But then the record company man got mad.

"You can't use that amplifier! This thing's got to be acoustic! You have to be authentic!"

Well, the fiddle player and the accordion player tried to fight it but the record company man wouldn't even give up a little. But every now and then they still talk about how that man with his big tape machine with all those dials and meters and all those wires and plugs had a lot of nerve to tell them they couldn't use their amplifier because it wasn't natural to use that.

"Mais, I been having that amplifier since the first time I picked up an accordion...and it still has the first set of tubes that came with it."

Perhaps it is because there is still such an unusually strong tradition of folk crafts in south Louisiana. Perhaps it is because the stereotype of the ignorant though wiley Cajun doesn't allow room for the understanding of new technology. Whatever the reason, the naive notion persists that to be Cajun is to somehow exist in a world of nickel soda pops and pet alligators with only an occasional seaplane to bring news of the outside world.

Cajun musicians do not play because they have a burning desire to be caricatures of the past. They play it because it's good music and they like it. They don't play it because it is obscure and esoteric; they play it because they know it intimately, in most cases learning songs from their uncles or papas. Cajuns don't drink French-drip coffee because they read about it; they drink it because that's the way they make coffee. And some Cajuns don't even drink coffee, or hunt alligators or live in a cypress shack. And there are even some Cajuns who don't like to eat crawfish.

Marc Boudreaux, Lafayette, 1977

James Edmunds, "The Day the Recording Company Came to Fred's Lounge," *Gris-Gris* Magazine, 1978

Lafayette, 1977

The Ardoin Family, a black French
or Creole group featuring Kenry
Fontenot on fiddle, performs
at CODOFIL's annual "Tribute to
Cajun Music." It is the largest
annual festival in Louisiana that
celebrates Cajun music.

*Les Ardoin, un groupe de noirs
français ou créoles avec Kenry
Fontenot sur le violon, jouent au
festival "Hommage à la Musique
Acadienne" du CODOFIL.
C'est le plus grand festival annuel
en Louisiane qui célèbre la
musique acadienne.*

Blue Moon Club, New Iberia, 1978

Samedi soir et dimanche après-midi

*saturday night and
sunday afternoon at*

The Blue Moon Club	New Iberia
Smiley's Bayou Club	Erath
Red's Cajun Club	Kaplan
Blue Goose	Eunice
Corner Bar	Breaux Bridge
La Poussière	Breaux Bridge
Pat's Showboat Lounge	Henderson
Snook's	Ville Platte
Lakeshore Club	Lake Arthur
Triangle Club	Scott
Step-In Club	Lawtell
Bear Cat Lounge	Basile
Clyde's Private Camp	Rayne
Jolly Roger Club	Bayou Benoit
Rock-a-bye Club	Forked Island
Slim's Y Ki Ki	Opelousas
Bamboo Club	Lake Charles
Sparkle Paradise Club	Bridge City, Texas
Circle Club	Toomey
Bel Amour Club	Vidrine
Rodair Club	Port Acres, Texas
Brisco's Club	Church Point
Bourque's Club	Lewisburg
Guidry's Friendly Lounge	Lewisburg
Happy Landing Club	Pacanière
Silver Slipper	Pacanière
Lakeview Club	Eunice
Lawrence Ardoin's Club	Duralde
Blue Angel	Lafayette
George's Club	Lake Arthur
Shamrock Club	Lake Charles
Allen Fontenot's Club	Kenner
B. Pellerin's Belvedere Club	Judice
Fred's Lounge	Mamou
Bill's Lounge	Rayne
Harry's Club	Breaux Bridge

Will and Dewey Balfa, fiddlers in a family Cajun band the Balfa Brothers, play for a dance at the Basile Woodmen of the World Hall. The family suffered a tragic loss in 1979 when Will and his brother Rodney, guitarist for the group, died in an automobile accident.

Will et Dewey Balfa, joueurs de violon dans un groupe cadien de famille Les Frères Balfa, jouent un bal au Woodmen of the World Hall de Basile. La famille a souffert une perte tragique en 1979 quand Will et son frère Rodney, joueur de guitare pour le groupe, ont été tués dans un accident d'automobile.

Basile, 1978

Aldus Roger and the Lafayette Playboys
play for a benefit dance at the Blue Moon
Club in New Iberia. Items in front of the
bandstand were auctioned off to help
offset a friend's recent surgery costs.

*Aldus Roger et ses Lafayette Playboys
jouent pour une danse de charité
au Blue Moon Club à la Nouvelle
Ibérie. Les choses au devant ont
été vendues à l'encan pour aider à
payer pour l'opération d'un ami.*

Aldus Roger Band, Blue Moon Club, 1978

Smiley's Bayou Club, Erath, 1978

J'ai été-z-au bal hier au soir,
Je vas retourner encore à soir,
si l'occasion se présente,
Je vas retourner demain soir.
'Gardez donc les jolies filles,
Celles-là que j'aime autant.
Moi, je connais tout l'amour
Que moi, j'ai eu pour toi.

31

Blue Moon Club, New Iberia, 1978

Blue Moon Club, New Iberia, 1978

J'ai été-z-au bal hier au soir,
Tout habillé en noir.
Je fais serment de ne plus boire
Pour courtiser la belle.
J'ai été-z-au bal à soir,
Tout habillé en bleu.
C'est ça l'habit que moi, j'aime
Pour courtiser la belle.

J'ai été-z-au bal hier au soir,
Je vas retourner encore à soir,
Si l'occasion se présente,
Je vas retourner demain soir.
'Gardez donc, 'tite fille,
Personne qui veut m'aimer.
'Garde donc, voir, il y plus personne
Si misérable que moi.

"J'ai été-z-au bal,"
Iry Lejeune

Blue Moon Club, New Iberia, 1978

*I tell you what, I cry like a baby when my horse runs. I get
such a thrill. I don't buy horses; I raise 'em. I know what I
raise. I pick 'em up when they're babies from off the ground.
You raise 'em and make 'em perform and if they win,
it just goes right through you. It's the biggest thrill you
ever get in life. It's like your own child. I imagine it's the
closest thing you have to a child.*

Ellis Richard in "An Account of Country
Horse Racing in Southwest Louisiana," Sandy Hebert, 1972

Carencro Raceways, Carencro, 1979

Carencro Raceways, Carencro, 1979

Les courses de campagne

racing the bush track

Within the span of half a century, automation has re-leased man, even in the most rural areas, from his clinging dependence on the horse as a means of transportation and as living machinery for labor. But the ritual of competition in the sport of horse racing exists with much the same flourish as it did fifty years ago when the horse was primarily a very "practical" animal to own.

Country horse racing was, and is, a sport which bears an intensity pervading the lives of the people involved with it. The men slander each other and speak of violence and cheating—crookedness as they call it. But they love the thrill of the competition and are nourished by the excitement of what might follow.

Country racing has been kept alive to this day by people seeking pleasure; yet, paradoxically, by people who, in spite of the difficulties, will not give it up. The sport, the involvement, is much too engaging.

Sandy Hebert, "An Account of Country Horse
Racing in Southwest Louisiana," 1972

Carencro Raceways, Carencro, 1979

Two horses run in the "rails" at Carencro Raceways, a bush track. At right, two men confidently signal victory as they fix their gazes on the horses obscured by dust.

Deux chevaux courent dans les allées au Carencro Raceways, une course de campagne. A droite, deux hommes déclarent la victoire en regardant vers les chevaux obscurés par la poussière.

Carencro Raceways, Carencro, 1979

Carencro Raceways, Carencro, 1978

Carencro Raceways, Carencro, 1978

Gambling at the racetrack became as much a ritual as the race itself. According to the informants all gambling was taken seriously in the form of match bets, pool bets or side bets. Match bets were put up initially when the race was tied; pool bets included the money added to the pot by friends or backers of those running. These amounts had to be equal before the race was begun.

One person handled all the pool bets. Each man's name was put on record with the amount he added to the pool. If he had bet $10 and won, he drew $20; if he had bet $20, he drew $40, and so on. Side bets were made by men who wanted to set their own terms of agreement or did not choose to pool their money. As the purse increased, the pressures on the participants increased.

Social status was seldom gained by money won, but the bettor's ego was involved in the risk he took. The owner or trainer felt even greater pressures, for if his horse failed, he let down those who had backed him. There were no IOU's at the track. The bettor was expected to pay up immediately if he lost.

Sandy Hebert, "An Account of Country Horse Racing in Southwest Louisiana," 1972

*A*n old Cajun entered an eight-year-old horse in a race at a local track. Since the horse had never raced before, the odds went off at 10-1 favoring the other horse. But he won by several lengths. A heavy loser was very sore and suspicious about the outcome of the race, so he looked up the man and asked, "How come you never raced this horse before? You've had this horse eight years." The old Cajun replied, "Well, ma fran, ah tell you, I've had this here horse in a pasture and it took us seven years to ketch him."

Pascal Fusilier, "Du Crow's Nest"
Mamou Acadian Press, October 17, 1974

Huval's Racetrack, Coteau, 1976

Carencro Raceways, Carencro, 1978

La pêche aux écrevisses
crawfishing

Each spring, thoughts of crawfish fill the heads of most people in south Louisiana. As the leaves burst out and the warm breezes fan the countryside, speculation grows about how these small crustaceans have fared during the winter. Groups of bayou dwellers huddle about the water's edge in ever more earnest conversation about the extent of the spring runoff, the prices of previous seasons, and the quality of the meat. Mostly they talk about price.

Louisiana is said to produce 99 percent of this country's crawfish harvest, an amount that may be anything from six to twenty million pounds depending on climatic conditions. About 88 percent of the total stays right in south Louisiana. Part of the rest is shipped to Atlanta, Georgia, where crawfish eating has taken hold. Texans consume what the Georgians don't.

Christopher Hallowell,
People of the Bayou, 1979

Atchafalaya Basin, 1978

Roy Savoy, Atchafalaya Basin, 1978

Roy Savoy cools the hot metal of his
truck bed which will carry his
960 lb. catch for the day to market.

*Roy Savoy refroidit le métal chaud
derrière sa camionnette qui
apportera sa pêche de 960 livres
pour la journée jusqu'au marché.*

Roy Savoy pauses to talk with his father, Junius Savoy, while in the swamp. Several members of his family earn their livelihood crawfishing. After work Savoy jokes with his youngest son Chuck (bottom).

Roy Savoy s'arrête pour parler avec son père, Junius Savoy, dans le marais. Plusieurs membres de sa famille gagnent leur vie à pêcher des écrevisses. Après le travail Savoy rit avec son plus jeune fils Chuck (au dessous).

Roy Savoy, Atchafalaya Basin, 1978

Junius Savoy, Roy Savoy, Atchafalaya Basin, 1978

Roy Savoy, Chuck Savoy, Catahoula, 1978

Sweeny Geary, Indian Bayou, 1979

Sweeny Geary of Leroy walks through a flooded rice field to gather crawfish from submerged cages. Crawfish from such makeshift ponds now accounts for as much as 40 per cent of Louisiana's annual production of the crustacean. Rice and soybean farmers often harvest crawfish from their flooded fields before planting their annual crop, thus earning a second income from the land.

Sweeny Geary, de Leroy, marche dans un clos de riz noyé pour ramasser des écrevisses de ses cages dans l'eau. Des écrevisses pêchées dans de tels étangs raccommodés font jusqu'à 40 pour-cent de la production annuelle en Louisiane. Les récolteurs du riz et du soya pêchent souvent des écrevisses de leurs clos noyés avant de planter leur récoltes annuelles, ce qui leur donne un deuxième revenu de leur terre.

Rodney Langlinais (third from left) drives cattle over a new bridge which crosses the Intracoastal Canal at Forked Island. Friends and family help move the cattle to a different field on the other side of the canal.

Rodney Langlinais (troisième de la gauche) pousse des bêtes sur un nouveau pont qui traverse le Canal Intracoastal à la Manche. Des amis et des membres de la famille aident à pousser les bêtes dans une différente savanne l'autre bord du canal.

Les vacheries Acadiennes

cattle raising

In the little town of Scott there is a sign which reads, "Here the West begins." That sign is a proud reminder of the days when from Scott to the Sabine River there were numerous "vacheries" where Acadians and other pioneers grazed their herds of long-horned Spanish cattle in a vast, sparsely settled prairie region which was really the "Wild West" long before the trail drivers of the Lone Star State gained fame as heroes of the uncharted plains.

Thomas Arceneaux, "Vacheries Acadiennes"
Attakapas Gazette, December 1969

Forked Island, 1978

Rodney Langlinais relaxes with
his daughter at the Rock-a-Bye
Club in Forked Island after a day
of working his cattle.

*Rodney Langlinais se détend avec
sa fille au Rock-a-Bye Club à
la Manche après avoir travaillé
ses bêtes toute la journée.*

Rodney Langlinais, Forked Island, 1978

Linwood Cheramie, Golden Meadow, 1978

Linwood Cheramie, a shrimper from Golden Meadow, checks his nets before putting them overboard for the day's first trawl. At right a shrimp boat parallels a school bus as it travels down Bayou Lafourche.

Linwood Cheramie, un pêcheur de chevrettes (crevettes) de Golden Meadow surveille ses filets avant de les jeter à l'eau pour la première passe. A droite, un bateau de chevrette s'en va vis-à-vis d'un transfère d'école au long du Bayou Lafourche.

Les pêcheurs de chevrettes

shrimping

If you go out and catch a lot every day, that means you know what the shrimp is doing. I know where they're going. I'll know where they will be the next day. I watch at night. When I come in I'll watch the tide. That will tell you where to go the next day... You also watch the wind. The day after a good north wind, it's gonna be a good day...I also watch the moon. If you catch some shrimp in a certain spot when the moon is full, you go there again a year later and you'll find them there that exact day.

Linwood Cheramie,
From an interview, 1980

Bayou Lafourche, Golden Meadow, 1978

Linwood Cheramie, 1978

Linwood Cheramie releases a
shrimp catch from his nets (left). He,
his son Ronald, and his son-in-law
Ralph Bourg separate the shrimp
and put them into baskets.

*Linwood Cheramie lâche sa prise
de chevrettes de ses filets (à gauche).
Il les sépare avec son fils Ronald
et son gendre Ralph Bourg pour
les mettre dans des seaux.*

It's a good feeling when you make a nice day shrimping. It's a challenge. It's not like a job. In a job you make so much a month and that's it. This is a different situation, just like a gambler. This season's coming and you don't know whether you gonna do good the first day or not. You don't know nothing about that. And when you start hitting them, you're satisfied you're gonna make it. If you don't make too much, then its kinda sad. It's a gamble.

Linwood Cheramie,
From an interview, 1980

Ronald Cheramie, Linwood Cheramie, Golden Meadow, 1978

Les récolteurs de riz

rice farming

Under threatening skies, a farmer holds
aloft a guiding flag for a biplane planting
rice in a flooded field near Kaplan.

*Sous un ciel orageux, un récolteur
tient un drapeau en l'air pour
un avion qui plante du riz dans un
clos noyé près de Kaplan.*

Kaplan, 1979

Indian Bayou, 1978

Claude Roy, Norman Wade and
Dennis Hanks harvest rice near Roy's
farm in Indian Bayou. The staple
is the principal crop on the natural
prairie of southwestern Louisiana.

*Claude Roy, Norman Wade et Dennis
Hanks récoltent le riz près de chez
Roy au Bayou Indien. Le riz est
la récolte principale sur la savanne
du sud-ouest de la Louisiane.*

Claude Roy, Indian Bayou, 1978

Les piégeurs
trapping

The traps are set along the edge of the ditch and around the shore of Lake Hebert—one hundred and sixty of them—a line of deadly steel jaws ready to snap closed on the legs of animals. A tall pole topped by a strip of white cloth marks each trap. The poles also serve to anchor the traps. As we come up to some of them, white flags thrashing back and forth show that an animal is struggling to free itself.

Christopher Hallowell,
People of the Bayou, 1979

Hildrie Stelly of Forked Island traps nutria in the marsh near Pecan Island. Each winter thousands of fur trappers head for the marsh where they trap nutria, otter, muskrat and mink, among others.

Hildrie Stelly de la Manche attrape des nutrias dans le mèche près de l'Ile Pacane. Chaque hiver, quelque mille piégeurs se rendent dans les mèches où ils attrapent des nutrias, des loutres, des rats musqués aussi bien que des visons.

Pecan Island, 1979

Hildrie Stelly, Pecan Island, 1979

Hildrie Stelly, Pecan Island, 1979

Hildrie Stelly tosses a nutria carcass
into his boat after removing it from a trap
(above). After checking all his traps,
Stelly and his family return to their camp
to skin and gut the animals. Afterwards, Stelly
hangs the skins outside to dry (opposite
page), then stretches them and puts them in
a heated room to finish drying. The carcass
meat, ironically, is sold to mink farms.

Hildrie Stelly, Pecan Island, 1979

Hildrie Stelly jette la carcasse d'un nutria
dans son bateau après l'avoir sortie
de son piège (en face). Après avoir visité
tous ses pièges, Stelly et sa famille
rentrent à leur camp pour écorcher et
éventrer les animaux. Ensuite, Stelly
pend les peaux dehors pour commencer
à les sécher (au dessus), puis il
les étend pour finir les sécher dans
une pièce chauffée. La viande est
vendue à des éleveurs de visons.

Pioneers offshore

les pionniers d'en pleine mer

Intracoastal City, 1979

Offshore oil workers walk to a
waiting helicopter for a lift to their
jobs in the Gulf of Mexico. Daylight
recedes (opposite) behind Tenneco's
Vermilion 245-E platform.

*Des travailleurs d' "offshore" espèrent
un hélicoptère pour les amener
aux puits d'huile dans le Golfe du
Méxique. Le soleil se couche
(en face) derrière la plateforme
Vermilion 245-E de Tenneco.*

Vermilion 245-E, Gulf of Mexico, 1979

*You don't get the full flavor of offshore till you go out
in the middle of the night in February, and there's about a
70-mile an hour wind, and rain coming down and
you're trippin' pipe. In winter it's hell. It seems like the most
miserable place on earth. There's hardly no way to get
away from the cold and the wind. You're standing on metal,
and there's rain comin' down, and there's no hope.*

Raymond Menard,
From an interview, 1980

Bobby Hoag, Gulf of Mexico, 1979

On a 14-day shift, you lose track after nine. After nine days when I get up in the morning, somebody's gotta tell me what day it is. It is endless. The last four days you are more or less in a daze about what day it is; it's just another day. Until that day you're going home, then you realize, hey I'm going home tomorrow! Then there's kind of a pickup. Still, it's just like driving through Texas; after the first 500 miles, it's just sand and rolling hills, and after a while you just don't notice one sandpile till another.

Raymond Menard,
From an interview, 1980

Gulf of Mexico, 1979

Gulf of Mexico, 1979

I'm not trying to paint it as paradise, but most people offshore will tell you right off the bat, "Look, you give me the pay and the time off I get here, and I'll give up offshore." But the most terrible strain offshore is wondering what's going on on the bank, here on land. What's the wife having to do today? How are the kids? What's going on? And if you have sick parents, how's my father doin'? How's my mother doin'? I spend 14 days just wondering what in the hell is going on.

Raymond Menard,
From an interview, 1980

Gulf of Mexico, 1979

Wade Alleman, Golden Meadow, 1979

*The Cajun is the type of person who says, "You got a job?
Let's do it. Don't be messin' around with thinking about it.
If you need the work done, give me a call. I'll go do the
work, and when I finish, I'm finished." He's just about better
suited to offshore work than maybe anybody else....*

*Now, I don't know if it is detrimental or not, but the oil
field pretty near killed off the French language. They're
not from down here. They come in with the money,
and they put it together. I mean you can't call in
a drilling report from the rig into the office in French.*

Raymond Menard,
From an interview, 1980

La roulaison
harvesting sugar cane

Eddie Romero, Jr. burns the foliage off cut sugar cane stalks near his home in Coteau at day's end. Farmers burn the cane in the field to reduce refining costs at the sugar mills. Historically, sugar cane was a Creole (descendant of French and Spanish colonists) instead of an Acadian (descendants of those exiled from 18th century Acadia) vocation. Today, however, Cajuns grow much of the cane in Louisiana's sugar belt.

Eddie Roméro, Jr. brûle le feuillage des cannes coupées près de chez lui à Coteau à la fin de la journée. Les récoltiers brûlent la canne dans les clos pour baisser les dépenses à la sucrerie. A l'origine, la récolte de la canne à sucre était faite plutôt par les Créoles (descendants des colons français et espagnols) que par les Acadiens (descendants des exilés de l'Acadie du 18e siècle). Aujourd'hui, cependant, ce sont les Cadiens qui cultivent la plupart de la canne à sucre en Louisiane.

Coteau, 1978

Coteau Holmes, 1978

Father James Doiron blesses the sugar
cane crop at an annual ceremony
held each year before harvesting. At
left, farmers load the cut cane onto a
wagon to be taken to the sugar mill.

*Le père James Doiron bénit la récolte
de la canne à sucre dans une cérémonie
qui a lieu chaque année avant
la roulaison. A gauche, des récolteurs
chargent un wagon avec la canne
coupée pour l'apporter à la sucrerie.*

New Iberia, 1978

St. Martin Parish, 1978

Beneath moss-laden live oaks, a tractor hauls harvested sugar cane to the St. John sugar refinery near St. Martinville.

A l'ombre des chênes verts couverts de mousse espagnole, un tracteur transporte la canne à sucre à la sucrerie St. John près de St. Martinville.

La Toussaint

All Saints' Day

Each fall, families from throughout
Louisiana's French triangle visit
the graves of deceased relatives in
preparation for All Saints' Day. Parents
and children gather at cemeteries
to clean, whitewash or paint their
families' tombs. Afterwards they often
adorn the plots with flowers.

*Chaque année dans l'automne,
beaucoup de familles à travers le
sud de la Louisiane visitent les
tombes de leurs défunts parents pour
préparer la Toussaint. Les parents
et les enfants viennent ensemble aux
cimetières pour nettoyer, blanchir à
la chaux ou peindre les tombes
familiales. Après, ils préparent les
tombes avec des fleurs.*

ci ✝ git

ADELAIDE BROUSSARD

*"Epouse de Donlouis Broussard, décédé
le 8 Août 1845, âgée de 30 ans, elle
a été pleurée comme fille, épouse et
mère, elle fut sainte sur la terre. Comme
elle doit l'être dans le ciel!"*

Gravestone, St. Martin Cemetery

St. Martinville Cemetery, 1978

St. Martinville Cemetery, 1978

ci ✝ git

SYLVESTRE BROUSSARD

décédé le 1er Octobre 1852:
à l'âge de 68 ans

Passons en prière

On All Saints Day, November 1, families return to the graves bringing more flowers. There they pray for the dead and visit friends. Often families spend the entire day traveling from town to town visiting the graves of deceased relatives. In some towns, such as St. Martinville, people gather at the cemetery's center for an evening candlelight service. While a volunteer leads in reciting a rosary, a group of priests walks briskly from grave to grave, blessing each with holy water.

Sur la Toussaint, le premier novembre, les familles retournent au tombes avèc d'autres fleurs. Là ils offrent des prières pour les morts et ils rencontrent leurs amis. Souvent, une famille peut passer la journée entière à voyager d'un village à l'autre pour visiter les tombes familiales. Dans plusieurs villages, comme St. Martinville, les gens se rassemblent au milieu du cimetière pour un service éclairé par des chandelles. Tandis qu'un volontaire récite le chapelet avec les participants, un groupe de prêtres se promènent allègrement d'une tombe à l'autre, les bénissant avec de l'eau bénite.

St. Martinville Cemetery, 1978

St. Martinville Cemetery, 1978

When we moved here, I told my husband I had made a promise to the Blessed Virgin that as soon as I could, that if we could have our home, that if we could have the strength and health to provide for our home, I promised the Blessed Virgin that I would put her in our yard where people could venerate the saint when they drive by. We had a lot of people stop and say how much they liked the statue. In the house across the street, there was an old woman who every afternoon before one o'clock, before she took her evening nap, would sit in a rocker and face the Virgin, because the Virgin is facing her, and say her prayers there. Another man living along the side of the house would sit in a lawn chair facing her. He would say his prayers there and sip his coffee.

She is never without flowers. In winter we buy the plants and put them around. There's always someone in the neighborhood who will see to it that there's always some fresh flowers in front of that statue.

I don't care what I put in front of that statue, that statue's flowers are coming. If I put it some place else in my yard, that flower might die. But if I put it there, it's gonna bloom. I think it is because of her love.

Mrs. Mary Ann Vilcans,
From an interview, 1980

New Iberia, 1979

A statue of Our Lady of the Assumption,
patron saint of the Acadians, lights
a house on Our Lady of the Lake Road
near New Iberia. The statue is placed in
an upright bathtub and encased with
bricks which form a cross at the crest.

*Une statue de Notre Dame de
l'Assomption, sainte patronne des
Acadiens, éclaire une maison dans
le chemin de Notre Dame du Lac
près de la Nouvelle Ibérie. Cette
statue est placée dans une baignoire
dressée et encadrée de briques qui
forment une croix au sommet.*

Mrs. Louisianaise Daigle, Nina, 1979

Mrs. Louisianaise Daigle, a traiteuse
from Nina, uses the tools of her
calling to treat for sunstroke, warts,
ringworm, bleeding and asthma. In
front of candles she makes novenas
for those she treats. She watches the
flame carefully, for any movement
is perceived as a sign of trouble.

*Mme Louisianaise Daigle, une
traiteuse de Nina, se sert des outils
de sa profession pour traiter des
coups de soleil, des verrues, des dartres,
pour arrêter le sang et pour l'oppression.
Elle fait des neuvaines devant
des chandelles pour ceux-là qu'elle
traite. Elle guette bien la flamme
parce qu'un petit mouvement est
signe qu'il y a du tracas.*

Tu connais, des fois, c'est bien drôle comment les affaires arrivent. Je venais de retourner de l'hôpital l'année passée. J'avais eu une opération sur mon nez pour dresser un septum dévié et ça avait développé une complication après que le coton avait été ôté. Les plaies s'avaient ouvertes et j'avais commencé à saigner. Après une heure d'avoir essayé de la glace et des pincements suggérés par le docteur pour si en tout cas ça arrivait, mais sans succès, je m'étais rendu a l'hôpital où j'avais été réadmis carrément.

Comme je saignais toujours un tas, j'ai fait appeler ma mère pour me soulager un peu. Elle est restée assise tranquille mais nerveuse tandis que l'hôpital a essayé une brassée de médicaments et d'injections pour arrêter le sang qui n'avait pas calmé depuis ça avait commencé à l'entour de sept heures du soir. Arien faisait. Le sang continuait à couler si vite dans ma gorge que j'ai eu pour avaler aussi vite que je pouvais toute la grande nuit pour empêcher que je noye dans mon sang.

Rendue au bout de ses nerfs par la longue nuit blanche passée à regarder son plus vieux garçon se battre pour ne pas mourir au bout de son sang, et l'hôpital qui ne semblait pas pouvoir faire àrien, ma mère a enfin appelé une de mes tantes pour le nom d'un traiteur pour le sang. Elle a donné le nom d'un de ses voisins. Quand ma mère l'a appelé pour lui expliquer la situation, c'était sept heures et demie le lendemain matin.

Il a demandé quel hôpital on était dedans. Et quand ma mère lui a dit, il a répondu qu'il n'y avait pas d'eau courante entre nous autres et lui, ça fait qu'il n'aurait même pas eu besoin de venir du tout. Il a fait son traitement sur le téléphone.

Dans une demi-heure, ça avait arrêté de saigner, après treize heures échinantes. Tout le monde à l'hôpital était content de voir que les doses de vitamine K avaient enfin commencé à travailler.

Qui c'est qui peut dire?

Barry Jean Ancelet
1980

Wiltz Huval, Youngsville, 1978

Les boucheries de famille

family boucherie

After they kill and clean the pig, the head is removed and used to make hog's head cheese. Naturally they eat the cheese a little as they go. The pig's feet are boiled and pickled. The blood is caught in a pan with salt. They mix that with some meat and green onions to make red boudin.The pig's liver and trimmings makes the white boudin. The intestines are cleaned to make the boudin and sausage casings.

Now your hams and other lean parts are used to make salt meat and fresh sausage. They put that in jars and save it for the long months. It's got to be used over the long run.

They cut up the skin and outer layer of fat and cook it in a big pot to make cracklins and hog lard.

Ribs are used to make fricassée. The meat from the ribs is removed in the slab and made into bacon.

The backbone and the kidneys are used to make a fricassée de rentier. They feed that to all the people who help with the boucherie that day.

The tongue is cleaned, stuffed with garlic and onions, and cooked as a roast. The stomach or chaudin is stuffed with rice dressing and baked. Now there's some people who will fry the brain and lungs in corn meal.

All of this is done that day.

Frank Comeaux,
From an interview, 1980

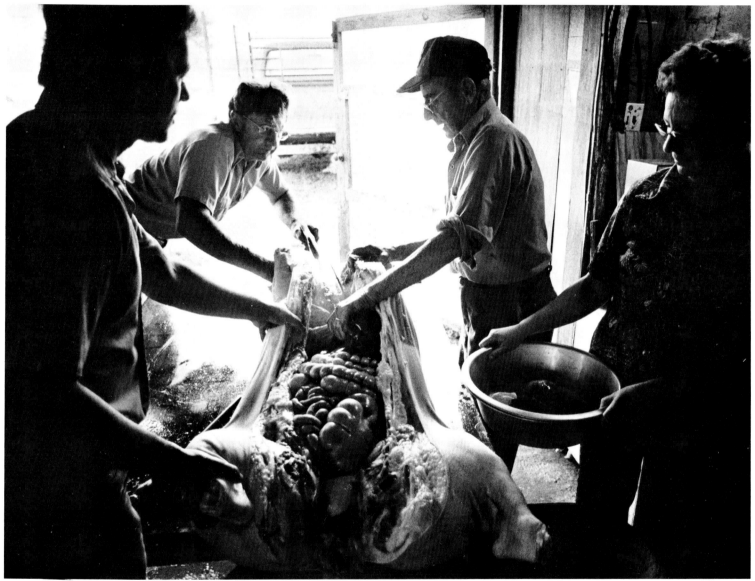

Youngsville, 1978

Whiless Hebert and his family slaughter a pig for a boucherie at their home in Youngsville. Boucheries are still popular in south Louisiana as a social activity as well as a means of avoiding high meat prices.

Whiless Hebert et sa famille font boucherie chez eux à Royville. Les boucheries sont toujours bien populaires dans le sud de la Louisiane comme une affaire sociale aussi bien que d'être une manière d'éviter le prix de la viande.

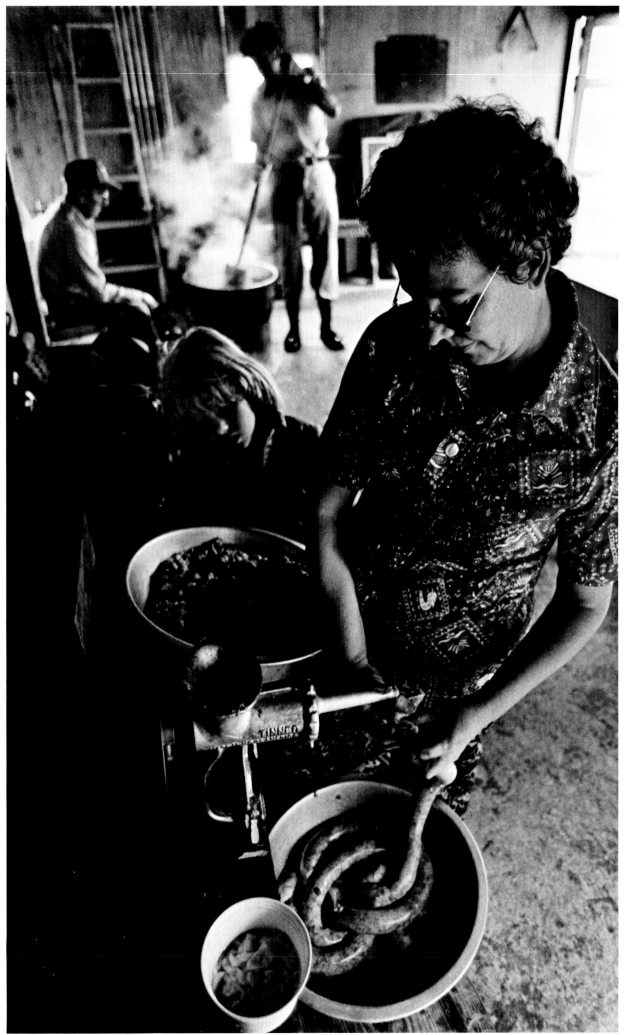

Geursi Hebert, Youngsville, 1978

Whiless Hebert, Youngsville, 1978

Mrs. Guersi Hebert prepares sausage meat while her father Wiltz Huval and husband Whiless Hebert stir cracklins. After the pig is cut up, Whiless hangs meat outside to drip (above). The Heberts invited Father Frank Boussière of Youngsville to join them in the mid-day feast that caps the boucherie (left).

Mme Guersi Hebert prépare la viande de saucisse tandis que son père Wiltz Huval et son mari Whiless Hebert brassent les gratons. Après que le cochon est coupé, Whiless va le pendre dehors pour que ça saigne (au dessus). Les Hebert avaient invité le Père Frank Boussière, de Royville, à venir les joindre pour manger à midi après la boucherie (à gauche).

Youngsville, 1978

Adele Fitch watches her grandmother,
Mrs. Camille Fitch of Lockport,
prepare maquechoux, an Indian and
Creole influenced corn dish.

*Adèle Fitch guette sa grandmère, Mme
Camille Fitch de Lockport, faire un
maquechoux, du maïs tendre cuit à la
manière des Indiens et des Créoles.*

Adele Fitch, Lockport, 1978

Adele Fitch, Camille Fitch, Lockport, 1978

Tu commences avec de la graisse dans ta chaudière. Et là, tu fais ton roux avec de la farine, froment, tu connais. Là, tu épluches ta tête d'oignon. Tu la tranches fin fin. Là, quand ton roux est rôti, brown, là tu prends ta tête d'oignon et tu la brown avec ton roux. Là, si tu veux faire un galon de gumbo, tu mets à peu près un galon d'eau en dedans-là, à bouillir. Tu le quittes bouillir. Là, tu rôtis ta poule à côte. Et là, tu mets ta poule en dedans, dans ton gumbo. Et tu le quittes bouillir pour à peu près une heure et demie ou une heure. A petit feu, tu veux le mettre. Si c'est une vieille poule, ça prend peut-être comme deux heures à faire ton gumbo, et si c'est une jeune poulette, ça prend pas si longtemps. Là plutôt que de mettre de la poule, tu peux mettre juste du seafood, si tu veux. C'est aussi bon. Mais ça, tu mets à la fin, juste avant que c'est fini.

Là tu mets ton sel, ton poivre et ton piment. Tu l'assaisonnes comme tu veux. Tu peux mettre du rouge ou du vert, ou les deux. Comme tu veux. Ça, c'est toi. Là, tu gouttes si c'est assez assaisonné. Là, quand t'es paré, à peu près quinze, vingt minutes avant de couper ton feu, tu tranches ton persil et tes queues d'oignons. Et tu les mets dedans, dans ton gumbo juste à peu près quinze minutes avant ton gumbo est cuit. Et puis là, c'est tout. Ton gumbo est fait. Là, c'est all right. Quand t'es paré pour le servir dans tes assiettes, tu mets ton filé dedans. Chacun prend son filé et puis le met lui-même. Là, tu le manges avec du riz dedans des bols.

Rose Domingue,
From an interview, 1980

Church Point, 1978

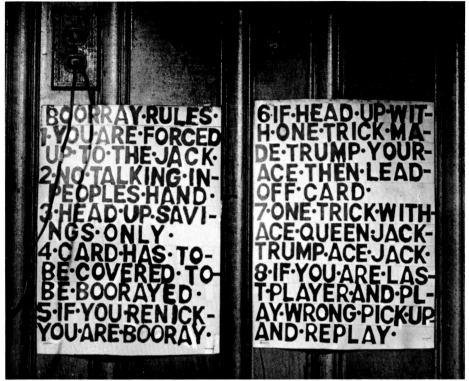

Scott Bar, 1980

Several men spend an afternoon
playing bourrée in a small
Leroy bar. The card game is very
popular in south Louisiana.

*Plusieurs bougres passent une
après-midi à jouer à la bourre
dans une petite bar à Leroy. Ce
jeux de cartes est bien populaire
dans le sud de la Louisiane.*

George's Bar, Leroy, 1979

Morgan City, 1978

In a Knights of Columbus hall in south
Louisiana, a Dr Pepper machine offers
something other than the usual. Lester
Deville of Mamou uses a pipe to hold his
cigar (opposite); no unique Cajun
tradition, just something a little different.

*Dans une salle des Chevaliers de
Colomb dans le sud de la Louisiane, une
machine à vendre de Dr Pepper offre
une marchandise étrange. Lester Deville
de Mamou fume sa cigare à travers sa
pipe. Des traditions non pas uniquement
cadiennes, mais un peu différentes.*

Lester Deville, Mamou, 1976

Edward Crochet, Pierre Part, 1978

Edward Crochet mows the lawn in
front of his brick house in Pierre Part.
At right, several people enjoy Bayou
Lafourche's muddy water after a pirogue
race at the Cajun Festival in Galliano.

*Edward Crochet fourche la cour
devant sa maison en briques à Pierre
Part. A droite, plusieurs personnes
s'amusent dans l'eau bourbeuse du Bayou
Lafourche après une course de pirogues
au Festival Cadien à Galliano.*

Galliano, 1978

Le Courir du Mardi Gras

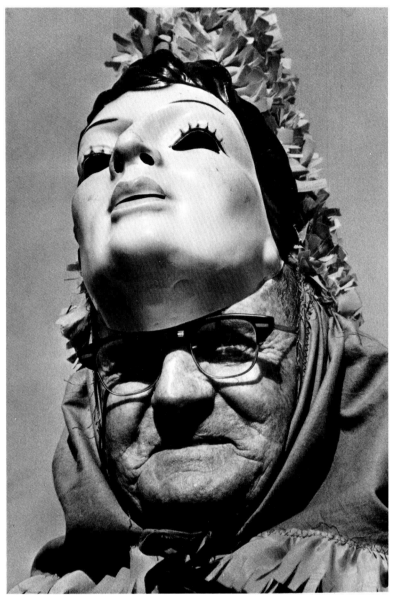

Church Point, 1978

Mardi Gras is celebrated the day before the religious feast of Ash Wednesday, which marks the first day of Lent. In the southwest Louisiana countryside, bands of masked and costumed horsemen visit area farms to request a chicken for a big gumbo to be served just before the dance in town that night.

Mardi Gras est fêté la veille de Mercredi des Cendres qui marque le commencement de Carême. Dans la campagne dans le sud-ouest de la Louisiane, des bandes de cavaliers masqués et en costume vont de maison à maison pour demander une poule pour le grand gumbo qui est servi juste avant un bal dans le village le soir.

Boeuf Fontenot, Mamou, 1978

Mamou, 1979

*L*es Mardi Gras se rassemblent
une fois par an
Pour demander la charité,
Ça va-z-aller-z-en porte en porte.
Tout à l'entour du moyeu.

Capitaine, Capitaine,
voyage ton "flag"
Allons se mettre dessus le chemin.
Capitaine, Capitaine,
voyage ton "flag,"
Allons aller chez l'autre voisin.

Capitaine Jasper Manuel, Mamou, 1979

111

Mamou, 1979

J. E. "Dirty" Marcantel, Church Point, 1978

Les Mardi Gras demandent
mais la rentrée-z-au maître
et la maîtresse.
Ça demande mais la rentrée-z-
avec toutes les politesses.

Voulez-vous recevoir mais
cette bande de Mardi Gras?
Mais voulez-vous
recevoir mais cette bande
de grands soulards?

Mamou, 1979

Mamou, 1980

*Donnez-nous autres une
'tite poule grasse
Pour qu'on se fait un
gumbo gras.
Donnez-nous autres une
'tite poule grasse;
Mais à l'entour du moyeu.*

On vous invite tous pour
le bal à soir;
Mais là-bas à Grand Mamou.
On vous invite tous pour
le gros bal,
Mais tout à l'entour du moyeu

On vous invite tous pour
le gros gumbo,
Mais là-bas à la cuisine
On vous invite tous pour
le gros gumbo,
Mais là-bas chez John Vidrine.

Chanson traditionelle
du Mardi Gras

Church Point, 1978

Mamou, 1978

Coteau, 1978

During Ash Wednesday's ceremony
of the ashes, the priest, with ashes
on his thumb, makes the sign of the
cross on each person's forehead
saying, "Remember man, you are dust
and to dust you will return."

*Durant la cérémonie de Mercredi
des Cendres, le prêtre, avec des
cendres sur son pouce, fait le signe
de la croix sur le front de chaque
personne en disant, "Souviens—toi,
homme, que tu es poussière et
que tu retourneras en poussière."*

It is interesting, from a priest's point of view, to see the attendance at mass on Ash Wednesday for the specific purpose of receiving ashes. For us it is not a holy day of obligation when you are required to come to mass. However, most people, in their own way of thinking, if they don't go to church to receive the ashes, there's something really wrong with them as Christians.

Father Gilbert Dutel,
From an interview, 1980.

Et puis asteur . . .
and now . . .

Paul Hardy, Breaux Bridge Crawfish Festival, Breaux Bridge, 1978

Rendu ayoù ce qu' on est
Dans cette renaissance du français-là,
On commence à voir une différence
Entre le vrai monde et les autres.
Les vrais sont à peu près invisibles,
La base qui supporte toutes les fanfarades
Des Cadiens dorés,
N'ayant même pas besoin de se cacher
De tous les Américains déracinés
Qui cherchent un paradis perdu,
De tous les étrangers fascinés
Qui cherchent à bien prononcer "cajun."
Les vrais, ils ont pas besoin de se cacher
Parce qu'ils sont pas intéressants quand même.
Mais c'est pas eux qui vont continuer à dire,
"Nous autres, on parle pas le vrai français.
Nous autres, on parle juste le français cadien."
Ils disent rien, eux; ils parlent.
Tu l'aurais jamais entendu dire non plus
Par un de ces marais-bouleurs dans le temps
Qui avaient l'habitude d'accrocher leurs chapeaux
Sur leurs couteaux
Plantés dans le mur dans la salle de danse
Chez Esta Hébert.
Je commence à croire que c'est rien qu'un silence maudit
Qui maintient le français sur la grande prairie.
"Where can we see some Cajuns?"
Ça me fait de la peine, il y a pas encore un zoo.
Mais ça s'en vient. Ça s'appelera
Six Flags Over the Cajuns.
Pour asteur, allez samedi soir
Dans n'importe quelle salle de danse,
Vous allez en voir un paquet.
Ça fait comprendre la suggestion de Marc Savoy
De remplacer "Lâche pas la patate"
Par "On va les embêter."
Je trouve ça bien intéressant
De voir autant de monde qui s'intéressent à voir
Si la patate, elle va-tu bien tomber ou non.

Jean Arceneaux, "Réaction,"
Cris sur le bayou, Montréal: Editions Intermède, 1980

123

Breaux Bridge, 1978

Two generations enjoy live Cajun music in a bar at the Breaux Bridge Crawfish Festival. Fiddler Lionel Leleux plays with a Cajun band on the early morning TV talk show, "Passe Partout." The program, in Cajun French, is viewed on farms, shrimp boats, and oil rigs, as well as in suburban homes before the day's work begins.

Deux générations écoutent de la musique cadienne dans un bar au Festival des Ecrevisses à Pont Breaux. Un joueur de violon, Lionel Leleux (en face) joue avec un groupe cadien de bonne heure le matin sur le programme de télévision, "Passe Partout." Ce programme, en français cadien, est regardé sur des habitations, sur des bateaux de chevrettes, dans les clos d'huile aussi bien que dans des maisons de banlieue avant de commencer la journée de travail.

Leroy, 1979

J'sus assez larguée (fatiguée) d'a'tend' parler d'not' magnière (manière) de parler à nous aut', j'pourrais rej'ter. J'me rappelle bien quand mes enfants alliont à l'école, i' vouliont pas les laisser parler français su' l'terrain d'l'école. Ça-là, j'ai trouvé ça ein peu bête. Les Amaricains sont tout l'temps après assayer d'faire acroire au mond' qu'i'sont les plus sma't! Mais moi, j'vas vous dire la franche vérité: y a pas parsône (personnne) dessus la terre qu'est plus bête qu'ein Amaricain. T'as jus' besoin d'les r'garder faire pour 'oir (voir) ça. I'travaillont tout l'temps et côfaire (quoi faire)? Sûr pas parce qu'il' avont pas assez pour manger ou qu'il' avont pas d'maison pour eusses (eux) rester d'dans. Non, c'est pour acheter ein gros T.V. en couleur, eine laveuse de plats, ein gros char....Mais t'en 'ois jâmais eune prend' le temps de viv'. A la première aparcevance il' avont courri toute leur vie pis il' avont pas pris le temps d'rire ou d'oir rire leurs voésins ou encore pire, leur femme et leurs enfants. Ça que j'trouve encore plus trist' que ça, c'est que moi'même, j'ai des enfants qui croyont, eusses aussite, (aussi) qu'il' sont des Amaricains. Côment tu voulais qu'i' faisont autrement? Prends Emma, ma fille, par exemp'. Alle (elle) a cinquante ans mais a' s'habille pour er'sembler (ressembler) côme si alle en aurait jus' eine vingtaine. Elle et son mari, Joe LeBlanc - il est assez bon pour elle et les p'tits, pauv' nèg' - i' travaillont tout l'temps pareil côme des Amaricains.

Moi, j'peux pas parler avec leurs enfants. J'parle pas en anglais pis eusses i' parlont pas français. Quand il app'lont icitte pour Chrissmusse, i'm'disont: "Bonjour, Grom'mon, côment vou' est?" Et moi, tout j'peux yeux (leur) répond' c'est: "Hallo cher, Gramman's fine an' y'all? C'est tout, Monsieur! C'est tout j'peux dire à ces chers 'tits enfants que j'aime tant! C'est mon sang qui coule dans leurs veines et j'sus pas capab' d'yeux montrer côment j'les aime. C'est par rapport à elle qu' i' parlont pas français, les 'tits enfants, mais c'est pas d'sa faute pauv' 'tite bête. A' (elle) voulait pas qu'i' souffront côme elle avait souffert...'eh bin, la première journée d'l'école, Emma s'en a r'venue à la maison en braillant. I' m'avont dit qu'alle avait braillé toute l'après-midi. Pourquoi tu crois? Parce que la fi' d'putain d'maîtresse, eine sacrée Amaricaine du nord d'la Louisiane, qu'avait pas plus d'esprit qu'ein macaque (singe), 'i avait donné ein coup d'tape. Pour vous montrer côment sma't i' sont, les Amaricains, j'vas vous dire cômet ç'a arrivé. La magnière j'peux comprend' la maudite - excusez l'langage, Monsieur - mais c'est ça qu'alle était, eine maudite couillône (imbécile). Bin la couillône-là, a'yeux avait dit, en anglais, d'écrire quèque chose dessus ein papier. Well, j'ai pas besoin d'vous dire, Emma, elle, avait pas compris. Ça fait a' s'a penchée pour ed'mander à sa cousine qu'était assis au ras d'elle si alle avait compris. La magnière j'peux comprend'...la maîtresse était en arrière d'elle pis alle a a'tendu. Bin, Pow! Emma a r'çu ein coup d'tape su' la dgeule (gueule) pis alle a appris ses premières paroles en anglais: "You-muss-spick-Anglish-li'l-girl!" Côment tu voulais qu'a' parle en anglais? Alle avait jâmais a'tendu arien d'aut' que l'français cadien qu'on parle, nous aut', à la maison. --Ring! (drelin! drelin!) Excusez-moi, Monsieur, faut qu'j'réponde au téléphône. --"Hallo! Mais bonjour, Emma, côment, ça va? Et côment Joe? Pis les p'tits? Oh! Bobbie veut parler avec Grandm'man. Ouais, passe-moi-lé... Hallo, cher...Mais, Gramman's fine. An'y'all?"

Richard Guidry,
From "Grandman's fine, An' y'all?"

Mamou, 1978

In 1880 George Washington Cable wrote that "the Acadian mode of thought is by precedent, not by experiment." This observation certainly describes Acadian architecture from the time of the Acadians' arrival in Louisiana until the mid 1840's when the Anglo-American tastes became irresistable. One could describe the classic pre-1840's "maison acadienne" in such abstract terms as small, modest, unpretentious, honest, straight-forward, sturdy, functional and climatically attuned. Acadian houses featured steep, gable-end, cypress shingle roofs, four-room floor plans without hallways, double-center chimneys, as well as an attic room or garçonnière accessible by an exterior stairway usually on the front gallery. The structures were raised off the ground on cypress blocks or brick piers. Roots of such houses stretch back through French Canada well into 17th-century provincial France. With exposure to Anglo-Americans however, the Acadians' architecture began a gradual evolution introducing one Anglo feature after another. First appeared exterior wall positions for the fire places, then double-hung windows, followed by four-panel single doors, louvered shutters and a fully enclosed rear gallery. By the 1860's Landrys and Moutons were building houses with center-hall floor plans, and the architectural—though not yet the cultural— metamorphosis was complete.

Robert Edward Smith, 1980

Youngsville, 1978

Youngsville, 1978

Joe Bernard watches suburbia
approach his 200 year-old Acadian
house near Youngsville. His home
was later moved to the Acadian
Village Folklife Museum. Realtors now
use the appeal of traditional Acadian
architecture to market houses.

*Joe Bernard guette les suburbs qui
s'approchent de sa maison acadienne
de 200 ans près de Royville
(Youngsville). Quelque temps après,
sa maison a été déménagée au Village
Acadien. Les vendeurs de propriétés
se servent de la popularité de
l'architecture acadienne traditionnelle
pour marchander leurs maisons.*

J'avais promis dans ma jeunesse
Que je m'aurais jamais mariée.
J'avais promis dans ma jeunesse
Que je m'aurais jamais mariée.

Refrain:
Adieu, la fleur de la jeunesse,
La noble qualité de vie,
La noble qualité de vie,
C'est aujourd'hui que je veux la quitter.

C'est aujourd'hui que ma tête est couronnée,
Et que mon coeur est emmené dans un bouquet.
C'est aujourd'hui que ma tête est couronnée,
Et que mon coeur est emmené dans un bouquet.

(Refrain)

C'est aujourd'hui que je porte le nom de dame,
C'est par l'anneau que je porte au doigt.
C'est aujourd'hui que je porte le nom de dame,
C'est par l'anneau que je porte au doigt.

(Refrain)

C'est aujourd'hui que je veux faire le serment,
C'est de finir mes jours avec toi.
C'est aujourd'hui que je veux faire le serment,
C'est de finir mes jours avec toi.

(Refrain)

"La Fleur de la Jeunesse,"
Sung by Lula Landry, 1977

Jeanelle Romero, Chester Landry, Red's Cajun Club, Kaplan, 1978

Wayne Toups, Emery Toups, 1978

Accordionist Wayne Toups and his
father Emery Toups break during a
Sunday afternoon dance at Clyde's
Private Camp, a club near Rayne.

*Joueur d'accordéon Wayne Toups
et son père Emery Toups prennent leur
souffle pendant un bal de dimanche
après-midi au Camp Privé de Clyde,
une salle de danse pas loin de Rayne.*

Les traductions
translations

The following are translations of the original texts which appear in the body of the book on the indicated pages.

Les textes suivants sont les traductions des textes originaux qui paraissent dans le livre aux pages indiquées.

Page 16

Le bruit ne pouvait provenir d'ailleurs; c'était un front de vacarme qui couvrait tout l'horizon au sud et qui s'abattait sur la petite hutte en papier goudronné. Au-dehors, comme pour s'échapper, les herbes des marais se tordaient dans un vain effort. Dans ces moments où le temps s'arrête, l'absence de quelque branche à laquelle se cramponner ou de quelque refuge où se blottir dévoilait la cruauté du marais. Nous n'avions rien pour affronter la fureur de l'orage et nous en protéger, sinon quelques lambeaux de papier goudronné et des planches de cyprès.

Wilson et Azaléa Verret faisaient les cent pas à la clarté de la lampe à pétrole, maugréant, et marmonnant à la cantonade de timides encouragements.

Azaléa commença à se signer. Au-dehors, le grondement devenait assourdissant. La flamme de la lampe à pétrole se mit à vaciller, projetant des reflets distordus sur les murs de la petite cabane.

Soudain, dans un grand soupir, un silence momentané s'installa comme si l'orage concentrait toutes ses forces sur ce qui allait venir. Alors, dans un fracas assourdissant redoublé par les crépitements de la pluie battante sur le toit, l'orage fondit sur la cabane. Les piliers fléchissaient sous le poids des poutres et les murs gémissaient sous les coups du vent. Des rafales de vent se précipitaient à travers les interstices du plancher et giflaient les vieux calendriers de plein fouet. Au-dehors, avec un bruit métallique brusquement étouffé comme si un meurtre venait d'être commis, des tonneaux d'essence dégringolaient. Nous attendions l'assaut final qui arracherait la maison du marais.

Deux minutes plus tard, les étoiles brillaient tandis que le grondement s'éloignait vers le nord-est aussi indifférent qu'il était venu.

Christopher Hallowell
People of the Bayou, 1979

Page 18

Pascal me disait comment le poisson mordait comme du tonnerre la semaine passée dans un lac privé au nord de la paroisse Evangeline. Il me disait que le poisson mordait assez vite qu'il a fallu qu'il se cache en arrière des pins pour pouvoir mettre l'appât sur son hameçon. Il y avait des poissons farouches qui ont sauté dans le bateau pour voler l'appât de sa boîte, qu'il a dit. Il avait pour les cogner sur la tête avec sa pagaie pour les empêcher, qu'il a dit. "Et dans toute ma bataille avec ces bétails à la crève de faim, j'ai seulement pu attraper deux petits gougeons, une carpe et trois patassas, moi!" qu'il a fini de dire tout attristé, le grand menteur, lui!

Revon Reed, "Couci-Couca,"
The Momou Prairie, April 20, 1978

Page 25

Un jour, l'homme de la compagnie de disques est venu chez Fred's Lounge à Mamou. Il voulait enregistrer l'émission en direct de musique cadienne du samedi matin. Il a apporté une machine à enregistrer avec beaucoup de cadrans et de boutons et une bande magnétique qui était de la grandeur d'une ceinture. Il a emmené son garçon qui travaillait pour lui et ils ont mis toutes sortes de microphones, et même beaucoup de boîtes avec des cadrans et des commutateurs et des boutons. Pour à peu près une heure avant de commencer l'enregistrement, ils ont joué avec les boutons pour assurer que tout soit bien. Ils avaient des cordes électriques dans tous les coins, et ils portaient de grands écouteurs.

Puis, à neuf heures, les musiciens sont arrivés. Le joueur de violon et le joueur d'accordéon avaient avec eux leurs petits amplificateurs Fender qu'ils avaient achetés dans le temps des lampes, et ils les ont branchés pour commencer à jouer. Mais là, l'homme de la compagnie de disques s'est fâché.

"Tu peux pas user cet amplificateur! Il faut que cette musique soit acoustique. Ça doit être authentique!"

Et bien, le joueur de violon et le joueur d'accordéon ont essayé de protester mais l'homme de la compagnie de disques ne voulait point lâcher. Mais, tous les temps en temps, ils parlent encore de l'homme avec sa grande machine à enregistrer avec tous ces cadrans, et tous ces compteurs, et toutes ces cordes et toutes ces prises, qui avait eu quand même beaucoup de toupet de leur dire qu'ils ne pouvaient pas user leurs amplificateurs parce que ce n'était pas naturel d'user tout ça.

"Mais, j'ai cet amplificateur depuis la première fois que j'ai ramassé un accordéon...et il a encore ses lampes originales."

C'est peut-être dû à la force de la tradition dans le sud-ouest de la Louisiane. C'est peut-être dû au stéréotype du Cadien malin mais ignorant qui n'admet pas la compréhension de la technologie moderne. Quelle que soit la raison, il y en a qui maintiennent qu'être Cadien veut dire vivre dans un monde plein de "pops" de cinq sous et de crocodiles domestiqués avec seulement un avion nautique de temps en temps pour apporter des nouvelles du monde de l'extérieur.

Les musiciens Cadiens ne jouent pas parce qu'ils ont un noble désir de représenter le passé. Ils jouent leur musique parce qu'elle est belle et ils aiment bien l'entendre. Ils ne la jouent pas parce qu'elle est obscure et ésotérique; ils la jouent parce qu'ils la comprennent à fond, ayant appris souvent les chansons de leurs oncles ou de leurs papas. Les Cadiens ne boivent pas leur café noir parce qu'ils l'ont vu dans des livres; ils le boivent parce que c'est comme ça qu'ils font leur café. Et il y a même des Cadiens qui ne boivent pas de café du tout, et qui ne chassent pas de crocodiles et qui ne vivent pas dans des cabanes en cypre. Et il y a même des Cadiens qui n'aiment pas les écrevisses.

James Edmonds, "The Day the Recording Company
Came to Fred's Lounge," Gris-Gris, 1980

Page 31

I went to the dance last night,
I'm going again tonight,
If I get a chance,
I'm going again tomorrow night.
Look at all the pretty girls,
The ones I love so much.
I know all the love
That I had for you.

Page 33

I went to the dance last night,
All dressed up in black.
I promise never to drink again
To court my beautiful girl.
I went to the dance tonight
All dressed up in blue.
That's the suit that I like
To court my beautiful girl.

Page 34

I went to the dance last night,
I'm going again tonight,
If I get a chance,
I'm going again tomorrow night.
Look here, little girl,
No one wants to love me
Look here, there's no one else
As miserable as me.

J'ai été-z-au bal,
Iry Lejeune

Page 36

Je peux te dire, je braille comme un bébé quand mon cheval court. Ça me donne un tel frisson. Je n'achète pas de chevaux; je les élève. Je connais quoi c'est que j'élève. Je les ramasse quand ils sont nouveaux-nés de par terre. Tu les élèves jusqu'à quand ils ont deux ou trois ans; tu les prends et tu les fais courir et s'ils gagnent, ça passe en travers de toi. C'est le plus grand élan que tu peux avoir dans la vie. C'est comme si que c'est ton propre enfant. J'imagine que c'est aussi près qu' on peut venir à avoir un enfant.

Ellis Richard in "Account of Country
Horse Racing in Southwest Louisiana,"
Sandy Hebert, 1972

Page 37

En l'espace d'un demi-siècle, l'automation a libéré l'homme, même dans les milieux les plus ruraux, de sa dépendance totale vis-à-vis du cheval qui servait de moyen de transport et de machine de travail. Mais le rituel de la compétition hippique s'est continué avec la même pompe qu'il y a 50 ans lorsque le cheval était essentiellement utilisé à des fins pratiques.

A la campagne, les courses de chevaux étaient, et sont toujours aujourd'hui, un sport dont le caractère intense envahit la vie de ceux qui y sont mêlés. Les hommes se calomnient les uns les autres, parlent de violence et de tricheries—des hommes "croches," comme ils les appellent. Mais ils aiment l'émotion de la compétition et se nourrissent de l'excitation de ce qui pourrait suivre.

Les courses de campagne ont été préservées jusqu'à ce jour par ceux qui, tout en y recherchant le plaisir, n'admettent pas de les laisser disparaître malgré les difficultés que leur organisation représente. Leur caractère sportif et leur côté "imbroglio" sont vraiment trop fascinants.

Sandy Hebert, "An Account of Country Horse
Racing in Southwest Louisiana," 1972

Page 41

Parier aux courses est devenu un rituel aussi important que la course elle-même. D'après nos sources, tous les paris étaient pris au sérieux, que ce soit des paris entre propriétaires de chevaux, paris organisés par l'hippodrome, ou tout simplement paris entre individus. Les paris entre propriétaires étaient misés tout au début, lors de l'organisation de la course; les paris organisés par l'hippodrome étaient généralement faits par des amis ou des supporters de ceux qui couraient. Les mises de ces deux paris devaient être équivalentes avant le départ de la course.

Une seule personne était en charge de la cagnotte. Le nom de chaque parieur était enregistré avec le montant de son pari. S'il misait 10 dollars et gagnait, il touchait 20 dollars; s'il misait 20 dollars, il en touchait 40, et ainsi de suite. Les paris individuels étaient faits par des gens qui voulaient fixer leurs propres enjeux ou qui ne voulaient pas ajouter leur argent à la cagnotte. A mesure que la somme augmentait, la tension des participants s'élevait.

Les gains influençaient rarement le statut social; c'était surtout l'amour-propre du parieur qui était en jeu. Le propriétaire et l'entraîneur étaient l'objet de pressions encore plus grandes vu que, en cas de défaite, ceux qui avaient misés sur leur cheval avaient l'impression d'avoir été trahis. Il n'y avait pas de notes de crédit au champ de course. S'il perdait, le parieur devait payer sur le champ.

Sandy Hebert "An Account of Country
Horse Racing in Southwest Louisiana," 1972

Page 42

Un vieux Cajun a engagé son cheval qu'avait huit ans dans une course pas loin de chez lui. Parce que le cheval avait jamais galoper dans une course avant, les chances étaient dix pour un en faveur de l'autre cheval. Mais son cheval a gagné la course par sept longueurs quand même. Un gros gambleur était un peu fâché et il doutait de quelque mauvais tournure. Ça fait il demande au vieux Cajun, "Comment ça se fait t'as jamais engagé ce cheval avant asteur? Tu l'as depuis huit ans." Le vieux Cajun lui répond, "Mais, mon ami, laisse moi te dire, j'avais ce cheval dans une savanne et ça a pris sept ans pour l'attrapper."

Pascal Fusilier, "Du Crow's Nest"
Mamou Acadian Press, October 17, 1974

Page 46

Chaque printemps, les écrevisses occupent les pensées de la plupart des habitants du sud de la Louisiane. Dès que les bourgeons commencent à éclore et qu'une brise chaude inonde la campagne, les conjectures sur la façon dont ces petites bêtes ont passé l'hiver vont bon train. Réunis sur les rives, des groupes d'habitants des bayous engagent des conversations de plus en plus sérieuses au sujet de la durée du printemps, des prix des saisons précédentes et de la qualité de la chair. La plupart du temps, ils parlent de prix.

On dit que la Louisiane produit à elle seule 99 pour-cent de toutes les écrevisses de ce pays, une production qui varie de 6 à 20 millions de livres selon les aléas du climat. La Louisiane du sud conserve 88 pour-cent de sa pêche pour sa propre consommation. De ce qu'il reste, une partie est convoyée par bateau jusqu'à Atlanta, en Géorgie, où les écrevisses sont maintenant très prisées. Les Texans consomment ce que laissent les Géorgiens.

Christopher Hallowell,
People of the Bayou, 1979

Page 53

Dans la petite ville de Scott, on peut lire sur un panneau: "Ici commence l'Ouest". Il rappelle fièrement des jours où, de Scott à la rivière Sabine, il y avait de nombreuses "vacheries" où les Acadiens ainsi que d'autres pionniers faisaient paître leurs troupeaux de vaches espagnoles aux longues cornes dans une vaste région de prairie en friche. C'était vraiment "le Far West," bien avant que les guides de la piste de l'Etat de l'Etoile Solitaire (le Texas) aient gagné leur réputation de héros des plaines.

Thomas Arceneaux, "Vacheries Acadiennes,"
Attakapas Gazette, December 1969

Page 57

Si tu sors et tu attrappes un tas tous les jours, ça veut dire que tu connais comment les chevrettes sont après courir. Moi, je connais comment les chevrettes courent. Je connais ayoù elles seront le lendemain. Je les guette le soir. Quand je reviens, je guette la marée. Ça va te dire ayoù aller le lendemain. Tu guettes le vent aussi. Le premier jour après un vent du nord, ça va être une bonne journée. Je guette la lune aussi. Si tu peux attraper des chevrettes dans une certaine place quand la lune est pleine, tu retournes là l'année prochaine et tu vas les trouver là le même jour.

Linwood Cheramie,
D'une entrevue, 1980

Page 60

Ça fait tant de bien quand tu peux avoir une bonne journée à pêcher des chevrettes. C'est comme un défi. Ce n'est pas comme un travail. Dans un travail, tu fais tant par mois et c'est tout. Ça, c'est différent, pareil comme un gambleur. La saison s'approche et tu ne connais pas du tout si tu vas faire bien le premier jour ou pas. Tu ne peux pas savoir àrien pour ça. Et là, quand tu commences à les trouver, tu peux être satisfait que tu vas le faire. Si tu ne fais pas bien, et bien là c'est manière triste. C'est un risque.

Linwood Cheramie,
D'une entrevue, 1980

Page 66

Cent soixante pièges sont posés tout au long du fossé et sur les berges du lac Hébert, comme une ligne de mâchoires d'acier prêtes à refermer leurs dents meurtrières sur les pattes des animaux. De hautes perches surmontées d'une bande d'étoffe blanche marquent l'emplacement de chaque piège. Elles servent aussi à les fixer. Comme nous nous approchons de quelques-unes d'entre elles, des drapeaux blancs secoués en tous sens montrent qu'un animal se débat pour se libérer.

Christopher Hallowell,
People of the Bayou, 1979

Page 71

Pour vraiment commencer à comprendre quoi c'est "offshore," il faut que tu sortes dans le milieu de la nuit au mois de février avec le vent à 70 miles à l'heure, dans une avalasse de pluie et tu es sur les tuyaux. Dans l'hiver, c'est comme l'enfer. Ça ressemble la plus chétive place sur la terre. Tu ne peux pas te cacher du froid et du vent. Tu es debout sur du fer, avec la pluie après tomber, sans espoir.

Raymond Menard,
D'une entrevue, 1980

Page 72

Pendant un relais de quatorze jours, tu te perds après neuf. Après neuf jours, quand je me lève le matin, il faut que quelqu'un me dise quel jour c'est. Ça ne finit plus. Les derniers quatre jours, tu restes à peu près perdu dans les jours; c'est juste un autre jour. Jusqu'au jour que tu dois partir pour la maison, là tu te rends compte, hé je m'en vas demain! Là, ça commence à aller mieux. Mais même là, c'est comme traverser le Texas en char, après les premiers 500 miles, c'est toujours d'autre sable et d'autres collines et après un certain temps, tu ne t'aperçois pas d'une butte de sable jusqu'à que la prochaine arrive.

Raymond Menard,
D'une entrevue, 1980

Page 74

Je ne veux pas dire que c'est le paradis, mais la plupart du monde "offshore" va te dire carrément, "Regarde, si tu me donnes l'argent et le temps libre que j'ai ici, je veux bien laisser le travail 'offshore'." Mais ça qui *fait forcer le plus, c'est de ne jamais savoir quoi c'est qui se passe ici sur la terre. Quoi c'est que la femme fait aujourd'hui? Comment vont les enfants? Et si tu as des malades, comment va papa? Comment va mama? Je passe quatorze jours à jongler quoi c'est dans le tonnerre qui est après se passer.*

Raymond Menard,
D'une entrevue, 1980

Page 77

Un Cadien, c'est la qualité d'homme qui dit, "T'as quelque chose à faire? Allons le faire. N'allons pas gaspiller du temps à jongler là-dessus. Si t'as besoin de faire quelque chose, appelle-moi. Moi, je vas aller faire le travail, et puis quand j'ai fini, j'ai fini." D'après moi, il est mieux fait pour travailler offshore que n'importe qui d'autre.

Là, moi, je connais pas si c'est pour le bien ou non, mais les puits d'huile ont à peu près tué la langue française. Ça ne vient pas d'ici. Ils viennent avec tout l'argent et ils arrangent tout. Je veux dire, tu ne peux plus envoyer un rapport d'un puits dans le golfe à l'office en français.

Raymond Menard,
D'une entrevue, 1980

Page 85

Here lies

ADELAIDE BROUSSARD

Wife of Donlouis Broussard, deceased
on August 8, 1845, at 30 years of age, she
is mourned as daughter, wife, and
mother, she was a saint on earth as
she must be in Heaven.

Page 87

Here lies

SYLVESTRE BROUSSARD

deceased on October 1, 1852,
at 68 years of age

Let us pass in prayer

Page 90

Quand on a déménagé ici, j'ai dit à mon mari que j'avais fait une promesse à la Sainte Vierge qu'aussi vite que je pouvais, que si on pouvait avoir notre maison, que si on pouvait avoir la force et la santé de garder notre maison, j'avais promis à la Sainte Vierge que je l'aurais mise dans notre cour ayoù le monde aurait pu vénérer la Sainte en passant. On a eu beaucoup de monde pour arrêter et dire combien qu'ils aiment la statue.

Dans la maison l'autre bord de la rue, il y avait une vieille qui se mettait dans une berceuse pour regarder la Sainte Vierge tous les après-midi avant une heure,

parce que la Vierge regarde vers sa maison, et elle dit ses prières droit là.

Un autre homme à côté de la maison, se mettait dans une chaise dehors dans la cour. Il disait ses prières là en buvant son café.

Elle n'est jamais sans fleurs. En hiver, on achète des plantes pour les mettre alentour. Il y a toujours quelqu'un dans le voisinage qui amène des fleurs fraîches pour mettre devant cette statue.

Ça ne fait pas de différence quoi c'est qu'on met devant cette statue, ses fleurs sont toujours là. Si je mets quelque chose quelque part d'autre dans la cour, la fleur va peut-être mourir. Mais si je la mets là, elle va fleurir. Je crois que c'est grâce à son amour.

Mrs. Mary Ann Vilcans,
D'une entrevue, 1980

Page 93

You know, it's funny how things happen....Last year I had just returned from the hospital after a nose operation to straighten a deviated septum. Unfortunately, complications developed after the cotton packing was removed. The scar tissue ruptured, and I began to bleed profusely. After about an hour of ice-pack and pinching cures recommended by the doctor for such emergencies, I made my way to the hospital where I was immediately re-admitted.

Still bleeding profusely, I had my mother called in for moral support. She was nervous, but sat quietly as the hospital staff tried a barrage of medications and injections to stop the bleeding. Nothing seemed to work. Blood was running down my throat so fast that I had to swallow continuously to keep from drowning in my own blood.

Frustrated by a long, sleepless night, watching her oldest son's struggle to stay alive as well as the hospital staff's seeming impotence in stopping the stubborn bleeding, my mother finally called her sister-in-law for the name of a bloodstopping traiteur. My aunt recommended her neighbor.

For twelve hours the bleeding had endured. My mother called the traiteur and explained the problem. Learning that there was no running water between him and hospital, the traiteur explained that he would be able to treat the bleeding over the phone.

Within half an hour after the call, the bleeding stopped. The hospital staff was relieved to see that the injections of vitamin K had finally begun to take effect...Who knows?

Barry Jean Ancelet,
Ossun La. 1979

Page 94

Après ils ont tué et écorché le cochon, la tête de cochon est coupée pour faire du fromage de tête. Bien sûr, ils mangent un 'tit brin à mesure qu'ils travaillent. Les pieds de cochon sont bouillis et marinés. Le sang est mis dans un fer-blanc avec du sel. Le sang est melangé avec des oignons verts et des morceaux de viande pour faire le boudin rouge. Ils font le boudin blanc avec le foie et autres morceaux de viandes. Les tripes sont nettoyées et on les sert pour mettre le boudin là-dans.

Les jambons et autres parties de viande pas trop grasse sont serrés pour faire des saucisses et de la viande salée. C'est tous mis dans des pots avec du sel et ça garde pour des mois.

Ils coupent la couenne avec un peu de graisse, et ils la mettent dans une grande chaudière pour faire les gratons.

Les côtes sont mises en fricassée et la viande des côtes est découpée pour faire du béquine.

Ils font une fricassée de reintier avec le dos et les rognons. Tout ce manger est servi aux travaillants qui font la boucherie ce jour là.

La langue est nettoyée, piquée à l'ail et à l'oignon, et rôtie. L'estomac (chaudin) est bourré avec du riz et de la viande, et cuit au four. Il y a du monde qui va frire le cerveau et les poumons dans la farine de maïs. Rien est perdu!

Tout cela est fait dans ce même jour.

Frank Comeaux,
Lafayette, 1980

Page 100

You start with some oil in your pot. And then, you make your roux with some flour, white flour, you know. Then, you peel your onion. You cut it fine, fine. Then, when your roux is browned, then you take your onion and you brown it with your roux. Then, if you want to make a gallon of gumbo, you put about a gallon of water in it, to boil.

Then, you brown your chicken on the side. And then, you put your chicken in it, into your gumbo. And you let it simmer for about an hour and a half or an hour. On a low fire, you want to put it. If it's an old hen, it takes maybe like two hours to make your gumbo, and if it's a young chicken, it doesn't take as long. And then, instead of putting in chicken, you can just put seafood, if you want. It's just as good. But that, you put in at the very end, just before it's finished.

Then, you put your salt, your black pepper, and your cayenne. You season it like you like it. You can put red peppers or green peppers, or both. Like you want. That's up to you. Then, you taste to see if it's seasoned enough. Then, when you're ready, about fifteen, twenty minutes before putting out your fire, you chop your parsley and your onion tops. And you put them in there, in your gumbo, just about fifteen minutes before your gumbo is cooked. And then, that's all. Your gumbo is ready. Then, it's all right. When you're ready to serve it in your bowls, you put your filé. Then, you eat it with rice in bowls.

Rose Domingue,
From an interview, 1980

Page 111

The Mardi Gras riders get together
once a year
To ask for charity.
They go from door to door.
All around they go.

Captain, Captain,
wave your flag
Let's get on the road.
Captain, Captain,
wave your flag,
Let's go to the next neighbor.

Page 113

The Mardi Gras riders ask permission
of the husband or wife to enter their farm.
They ask permission to enter,
very politely.

Will you receive this band
of Mardi Gras riders?
Will you receive us,
this band of drunkards?

Page 115

Give us a fat
little hen
So we can make
a greasy gumbo.
Give us a fat
little hen;
But on we must go.

Page 116

We invite everyone
to come to the dance tonight;
But it's over in Mamou.
We invite everyone
to come to the big dance,
But all around we must go.

We invite everyone
to eat the gumbo,
But it's over in the kitchen.
We invite everyone
to eat the gumbo,
But it's over at John Vidrine's home.

Mardi Gras song,
Traditional

Page 121

C'est intéressant, du point de vue d'un prêtre, de voir le monde à la messe le mercredi des cendres qui vient pour recevoir les cendres. Pour nous, ce n'est pas un jour saint où la messe serait obligatoire. Et quand même, la plupart du monde, dans leur esprit, s'ils ne venaient pas à la messe pour recevoir les cendres, il y aurait quelque chose qui manquerait dans leur vie chrétienne.

Father Gilbert Dutel,
D'une entrevue, 1980

Page 123

At the point we've now reached
In this here French renaissance movement,
We can begin to see a difference
Between the real people and the others.
The real ones are just about invisible,
The base which supports all the fanfare
Of the Gilded Cajuns,
Not needing even to hide themselves
From all the uprooted Americans
Who come looking for a paradise lost,
From all the fascinated foreigners
Who come looking for the correct way to
pronounce "Cajun."
The real ones, they don't need to hide
Because they aren't interesting anyway.
But they're not the ones who continue to say
"We don't speak the real French.
We just speak Cajun French."
They don't say anything; they just talk.
You'd never have heard it either
From one of those marais-bouleurs in the old days
Who used to hang their hats
On their knives
Stuck in the wall of Esta Hébert's dance hall.
I'm beginning to think that it's only a stubborn silence
That maintains French on the open prairie.
"Where can we see some Cajuns?"
I'm sorry, there's not yet a zoo
But that's coming. It'll be called
Six Flags Over the Cajuns.
For now, go any Saturday night
In any dance hall
And you'll see a bunch of them.
It makes you understand Marc Savoy's suggestion
To replace "Lâche pas la patate"
With "We'll fool 'em."
I find it terribly interesting
To see so many people who are suddenly
interested to see
Whether the potato will fall or not.

Jean Arceneaux, "Reaction,"
Cris sur le Bayou, Montréal: Editions Intermède, 1980

Page 126

I'm so fed up with hearing about how we Cajuns speak, I could throw up. I remember when my kids were going to school, they weren't allowed to speak French on the school ground. I thought that was pretty stupid. Americans are always trying to make everyone believe that they're the smartest of all. But, to tell you the truth, there's no one on Earth more stupid than an American. You only have to look at them to see it. They're always working, and why? Surely not because they don't have enough to eat or no roof over their heads. No, it's to buy a big color T.V., a dish washer, a big car...But you never see one taking the time to live. The first thing you know, they have spent their whole lives running, and they haven't taken the time to laugh, themselves or with their neighbors or even worse, with their wives and their children.

What is even sadder than that to me is that I myself have some children who think that they too are "Amaricains." How would you have wanted them to do otherwise? Take Emma, my daughter, as an example. She is fifty, but she dresses to make it look like she's only about twenty. She and her husband, Joe LeBlanc—he is so good for her and the kids, poor guy, they work all the time just like "Amaricains."

I can't speak with their children. I don't speak English and they can't speak French. When they call me at Christmas, they say, "Bonjour, grommon, comment vous est?" And all I can answer is, "Hallo cher, gramman's fine an' y'all?" Yes sir, that's all! That's the only thing I can say to those darling children that I love so much! My blood is running in their veins, and I can't even show them how much I love them.

It's because of her that those children don't speak French, but then it's not her fault, poor thing. She didn't want them to suffer like she had suffered...On the first day of school, Emma came home crying. I was told that she had cried all afternoon long. Why, do you think? Because that sonofabitching teacher, a damn "Amaricaine" from north Louisiana, who had no more sense then a monkey, had slapped her. So that you'll see how smart the "Amaricains" are, I'll tell you how it happened. The way I understand, that goddamned thing—excuse the language but that's what she was, a goddamned stupid idiot—well, the idiot told them children in English to write something on a piece of paper. Of course I don't have to tell you that Emma didn't understand. So she leaned over to ask her cousin next to her if she had understood. The way I understand it...the teacher was behind her and heard this.

Well, Pow! Emma got slapped in the face, and she learned her first words in English. "You—muss—spick—Anglish—li'l—gueule!" How would you have wanted her to speak English? She had never heard anything but the Cajun French that we spoke at home.

Sosthene went to school the next day. He had to lose a whole morning's work in the field to go tell that "animal" that if she ever laid another hand on Emma, he would make her too do something she wasn't capable of doing. He would make her paddle a pirogue full of holes. I don't know how much it helped, but the "Amaricaine" never touched Emma again. However the damage was already done...
—Ring!

Excuse me while I answer the phone.

"Hallo! Well hello, Emma, how are you? And how's Joe? And the kids? Oh! Bobbie wants to talk to gradm'man. Yeah, give him the phone...Hello, cher...Mais, gramman's fine. An' y'all?"

Richard Guidry,
"Gramman's Fine an' y'all?"

Page 128

En 1880, George Washington Cable observait que "le mode de pensée des Acadiens était basé sur la tradition et non sur l'expérience." Cette remarque convient parfaitement à l'architecture acadienne du temps de leur arrivée en Louisiane jusqu'au milieu des années 1840 lorsque les goûts anglo-américains devinrent prépondérants.

On pourrait décrire la maison acadienne classique d'avant les années 1840 en termes abstraits tels que petite, modeste, sans prétention, honnête, franche, robuste, pratique et bien adaptée au climat.

Les maisons acadiennes étaient caractérisées par des toits à pignon raide couverts de bardeaux en cyprès, par quatre pièces de plain-pied sans hall d'entrée, par une double cheminée centrale, de même que par une chambre mansardée ou une garçonnière accessible par un escalier extérieur généralement situé sur la galerie de façade. Les édifices étaient surélevés par des blocs en cyprès ou des piliers de briques. Les origines de ce type de maison remontent aux constructions du Canada français et des provinces françaises du XVIIe siècle.

Cependant, au contact des anglo-américains, l'architecture acadienne évolua progressivement en introduisant une à une les caractéristiques anglo-américaines. Tout d'abord apparurent les cheminées à mur extérieur en ressort, ensuite les fenêtres à double pente, suivies par quatre panneaux à une seule porte, des volets d'aération et derrière une galerie entièrement fermée. En 1860, la construction des maisons de Landry et de Mouton innova un plan de maison avec hall central de plain-pied; ainsi la métamorphose architecturale – mais pas encore culturelle – était complète.

Robert Edward Smith, 1980

Page 132

I promised in my youth
That I never would marry.
I promised in my youth
That I never would marry.

Refrain:
Adieu, the flower of youth,
That noble kind of life,
That noble kind of life,
Today's the day that I choose to leave it.

Today's the day that my head is crowned,
And that my heart is carried in a bouquet.
Today's the day that my head is crowned,
And that my heart is carried in a bouquet.

(Refrain)

Today's the day that I take the name of wife
By the ring that I wear on my finger.
Today's the day that I take the name of wife
By the ring that I wear on my finger.

(Refrain)

Today's the day that I want to promise
To spend the rest of my days with you.
Today's the day that I want to promise
To spend the rest of my days with you.

"La Fleur de la Jeunesse,"
Sung by Lula Landry, 1977

Special Thanks to

Acadiana Arts Council
Barry Jean Ancelet
Trent Angers
Woody Baird
Denise Bernard
Carol Blumenthal
Irene and Linwood Cheramie
Bill Clough
CODOFIL
Lee Crum
The Daily Iberian
The Dallas Times Herald
The Daus
Jay Dickman
Rose and Philip Domingue
Susan and James Edmunds
Pascal Fusilier
Marcel Gaudreaux
The Goulds
Richard Guidry
Willa and Chris Hallowell
Robert Hart
Sandy Hebert
Randall LaBry
The Lafayette Daily Advertiser
Sydney Lasseigne
Cheryl and Raymond Menard
The Lafayette Natural History Museum
Louisiana State Arts Council
Mary and Elemore Morgan, Jr.
Lee Wilfert Nevitt
Dee and Peter Piazza
Glen Pitre
Print Media—Marjorie and Tom Nevitt
Revon Reed
Pat Rickels
Roy Savoy and Family
Joe Swan
The University of Southwestern Louisiana
Dorothy White

without whose guidance, help and inspiration
this project would not have been possible.

This book consists of photographs which
were also in a traveling photo exhibit, made
possible with a grant from the Louisiana State
Arts Council and the National Endowment
for the Arts. The exhibit, entitled "Les Cadiens
d'Asteur (Today's Cajuns)," was sponsored
by the Acadiana Arts Council.